Kanker en persoonlijke zingeving

Kanker en persoonlijke zingeving

Werkboek voor cliënten

Nederlandse vertaling en bewerking:

dr. Nadia van der Spek

drs. Vincent Willemsen

drs. Kitty Knipscheer-Kuipers

prof. dr. Irma Verdonck-de Leeuw

Met medewerking van:

dr. Joël Vos

Oorspronkelijke auteurs:

William S. Breitbart, MD and Shannon R. Poppito, PhD

Behorend bij: Behandelprotocol zingevingsgerichte groepstherapie voor mensen met kanker

ISBN 90 978 368 1822 3

Meaning-Centered Group Psychotherapy for Patients with Advanced Cancer, A Treatment Manual was originally published in English in 2014. This adapted translation for cancer survivors is published by arrangement with Oxford University Press. Bohn Stafleu van Loghum, onderdeel van Springer Media BV is solely responsible for this adapted translation from the original work and Oxford University Press shall have no liability for any errors, omissions or inaccuracies or ambiguities in such translation or for any losses caused by reliance thereon.

Meaning-Centered Group Psychotherapy for Patients with Advanced Cancer, A Treatment Manual werd oorspronkelijk in het Engels gepubliceerd in 2014. Deze Nederlandse vertaling en bewerking voor overlevers van kanker is met toestemming van Oxford University Press gepubliceerd. Bohn Stafleu van Loghum, onderdeel van Springer Media BV is volledig verantwoordelijk voor deze vertaling en bewerking. Oxford University Press is niet verantwoordelijk voor fouten, omissies, onjuistheden of onduidelijkheden in de vertaling of voor enige schade voortvloeiend uit het gebruik hiervan. §

© 2017 Bohn Stafleu van Loghum, onderdeel van Springer Media
Alle rechten voorbehouden. Niets uit deze uitgave mag worden verveelvoudigd, opgeslagen in een geautomatiseerd gegevensbestand, of openbaar gemaakt, in enige vorm of op enige wijze, hetzij elektronisch, mechanisch, door fotokopieën of opnamen, hetzij op enige andere manier, zonder voorafgaande schriftelijke toestemming van de uitgever.
Voor zover het maken van kopieën uit deze uitgave is toegestaan op grond van artikel 16b Auteurswet jo het Besluit van 20 juni 1974, Stb. 351, zoals gewijzigd bij het Besluit van 23 augustus 1985, Stb. 471 en artikel 17 Auteurswet, dient men de daarvoor wettelijk verschuldigde vergoedingen te voldoen aan de Stichting Reprorecht (Postbus 3060, 2130 KB Hoofddorp). Voor het overnemen van (een) gedeelte(n) uit deze uitgave in bloemlezingen, readers en andere compilatiewerken (artikel 16 Auteurswet) dient men zich tot de uitgever te wenden.
Samensteller(s) en uitgever zijn zich volledig bewust van hun taak een betrouwbare uitgave te verzorgen. Niettemin kunnen zij geen aansprakelijkheid aanvaarden voor drukfouten en andere onjuistheden die eventueel in deze uitgave voorkomen.

ISBN 978 90 368 1820 9
NUR 777

Ontwerp omslag en binnenwerk: Studio Bassa, Culemborg
Automatische opmaak: Pre Press Media Groep, Zeist

Bohn Stafleu van Loghum
Het Spoor 2
Postbus 246
3990 GA Houten

www.bsl.nl

Inhoud

Voorwoord	7
Inleiding	9
Overzicht van de bijeenkomsten	9
Groepsregels en -richtlijnen	9
Bijeenkomst 1. Kennismaking met elkaar en met de therapie	11
Oefening 1. Zingeving definiëren	11
Uitleg: Zingeving	11
Oefening 2. Ervaringen met zingeving	12
Uitleg: Kanker en zingeving	12
Afsluitende oefening	13
Huiswerk	13
Bijeenkomst 2. Zingeving voor en na kanker	15
Afsluitende oefening	15
Huiswerk	15
Bijeenkomst 3. Het levensverhaal als bron van zingeving (deel 1): Wat u heeft gemaakt, tot wie u nu bent	19
Uitleg: Levensverhaal en zingeving (I)	19
Oefening 1. Wie ben ik?	20
Afsluitende oefening	20
Huiswerk	21
Bijeenkomst 4. Het levensverhaal als bron van zingeving (deel 2): Wat was uw eigen invloed?	23
Uitleg: Levensverhaal en zingeving (II)	23
Afsluitende oefening	23
Huiswerk	24
Bijeenkomst 5. Omgaan met tegenslag als bron van zingeving	25
Uitleg: Omgaan met tegenslag als bron van zingeving	25
Oefening 1. Ervaren van grenzen	26
Discussie	27
Oefening 2. Naar de toekomst kijken	27
Afsluitende oefening	28
Huiswerk	28
Bijeenkomst 6. Creëren, moed en verantwoordelijkheid als bron van zingeving	31
Uitleg: Creëren, moed en verantwoordelijkheid	31
Oefening 1. Moed	32
Afsluitende oefening	32
Huiswerk	33

Bijeenkomst 7. Ervaringen als bron van zingeving   35
Uitleg: Zinervaring   35
Oefening 1. Zinervaring   35
Afsluitende oefening   35
Herhaling van het huiswerk uit bijeenkomst 5   36
Volgende week   36

Bijeenkomst 8. Presentaties van levenslessen en afscheid   37

Voorwoord

Er is veel aandacht voor onderzoek naar de oorzaken van kanker en het ontwikkelen van effectieve behandelingen. Dat is terecht. Kanker is een levensbedreigende en ingrijpende ziekte die veel voorkomt. Hoe sneller en beter artsen in staat zijn om de ziekte te genezen of onder controle te krijgen, hoe beter. Genezing biedt perspectief op een vervolg van het leven.
Maar omdat kanker een levensbedreigende ziekte is en de behandeling intensief en ingrijpend, houdt het herstellen van de ziekte vaak meer in dan genezing. Kanker is een confrontatie met de eindigheid van het leven. Kanker zet het leven op scherp. Kanker confronteert ons, bewust of onbewust, met de 'wat-als'-vraag. Wat als ik nu binnen afzienbare tijd doodga? Deze vraag zet aan tot reflectie over ons leven. Kanker doet ons bijvoorbeeld beseffen wie en wat ons lief is. Wat is wezenlijk? Wat zijn mijn waarden? Met wie ervaar ik een sterke verbondenheid en met wie minder? Kortom, een ziekte als kanker kan veel zingevingsvragen oproepen. Pas na afloop van een behandeling ontstaat ruimte voor deze vragen. Sommige mensen vinden de antwoorden zelf, maar veel mensen kunnen daarbij hulp gebruiken. Om mensen te ondersteunen bij het vinden van antwoorden op zingevingsvragen is de groepstherapie ontwikkeld die in dit boek wordt beschreven.
Hoewel kanker veel voorkomt en zingeving een belangrijk onderdeel van persoonlijk herstel is, zijn er nog weinig interventies die zich specifiek op zingeving richten. De interventie 'Behandelprotocol zingevingsgerichte groepstherapie voor mensen met kanker' is daarom een zeer welkome aanvulling in het landschap van psychologische behandelingen in Nederland voor mensen die kanker hebben overleefd. De interventie is gebaseerd op het gedachtegoed van Viktor E. Frankl, de auteur van het indrukwekkende en overrompelende boek *Man's Search for Meaning*. Kernthema in zijn werk is het idee dat ieder mens uiteindelijk zelf kan en moet bepalen hoe hij met levenssituaties omgaat. Wat ons overkomt, hebben we grotendeels niet in de hand, maar we hebben wel veel vrijheid in het antwoord dat we op die levenssituaties geven. Het vinden van het 'juiste' antwoord kan mensen sterk inspireren in hoe ze hun leven willen vormgeven en hoe ze het leven intensiever en met meer waardering gaan leven. Maar dat is geen makkelijke opgave. Daarom ben ik ervan overtuigd dat veel mensen baat zullen hebben bij zingevingsgerichte groepstherapie.
Het 'Behandelprotocol zingevingsgerichte groepstherapie voor mensen met kanker' is een interventie naar mijn hart. De deelnemers staan stil bij hun levensloop en wat daarin belangrijk is en kracht geeft. Ook is er alle tijd om stil te staan bij vragen over zingeving. De eigen ervaringen, twijfels en hoop een stem geven, staat centraal. Het luisteren naar de ervaringen van andere mensen is zeer helpend. Wetenschappelijk onderzoek in binnen- en buitenland heeft aangetoond dat dit programma mensen helpt bij het persoonlijke herstel na kanker.
Ik hoop daarom van harte dat veel hulpverleners dit mooie programma omarmen.

Prof. dr. E.T. Bohlmeijer
Hoogleraar geestelijke gezondheidsbevordering aan de Universiteit Twente en auteur van onder andere *Voluit Leven* en *Dit is jouw leven*.

Het onderzoek en de implementatie van *Meaning-Centered Group Psychotherapy for Cancer Survivors* (MCGP-CS) is uitgevoerd door de onderzoeksgroep 'Samen leven met kanker' van de Vrije Universiteit en VUmc in samenwerking met het Ingeborg Douwes Centrum.

Ingeborg Douwes Centrum
Vrije Universiteit Amsterdam, Faculteit der Psychologie en Pedagogiek
Contact: ingeborgdouwescentrum@olvg.nl

Inleiding

Overzicht van de bijeenkomsten

Bijeenkomst 1: Kennismaken met elkaar en de training
Bijeenkomst 2: Zingeving voor en na kanker
Bijeenkomst 3: Het levensverhaal als bron van zingeving (deel 1): Wat u heeft gemaakt tot wie u nu bent
Bijeenkomst 4: Het levensverhaal als bron van zingeving (deel 2): Wat was uw eigen invloed?
Bijeenkomst 5: Omgaan met tegenslag als bron van zingeving
Bijeenkomst 6: Creëren, moed en verantwoordelijkheid als bron van zingeving
Bijeenkomst 7: Ervaringen als bron van zingeving
Bijeenkomst 8: Presentaties van levenslessen en afscheid

Groepsregels en -richtlijnen

1. Vertrouwelijkheid/privacy
- Het is belangrijk dat u zich veilig en op uw gemak voelt als u uw persoonlijke verhalen en ervaringen met deze groep deelt. Er wordt gevraagd aan alle groepsleden om elkaars privacy te respecteren. De aan de groep toevertrouwde verhalen en ervaringen worden niet naar buiten gebracht.

2. Aanwezigheid
- Graag ruim van tevoren aanwezig zijn.
- In de eerste plaats: *uw aanwezigheid is van groot belang!* Natuurlijk kunnen er bepaalde omstandigheden zijn (bijv. ziekte, vermoeidheid, vakanties, familieomstandigheden) die u ervan kunnen weerhouden om een groepsbijeenkomst bij te wonen.
- Daarnaast zal uw actieve deelname in de groep belangrijk zijn voor de mate waarin u van deze training kunt leren en er uiteindelijk baat bij zult hebben. Actieve deelname is ook belangrijk voor de anderen in de groep.

3. Tijdsindicatie
- Er zullen acht wekelijkse bijeenkomsten zijn van twee uur. In elke bijeenkomst wordt een specifiek onderwerp behandeld en zal een groepsopdracht worden gedaan.
- Uw verhalen en inbreng in de groep zijn van belang! Hierbij zullen de therapeuten letten op de tijd, zodat iedereen voldoende mogelijkheid heeft om zijn/haar ideeën en ervaringen met de groep te delen.

4. Huiswerk
- Aan het eind van iedere bijeenkomst krijgt u een huiswerkopdracht mee. U haalt meer uit de therapie als u er ook thuis, in de periode tussen de bijeenkomsten in, mee bezig bent. Het huiswerk sluit ook steeds aan op het onderwerp van de volgende bijeenkomst.

Bijeenkomst 1. Kennismaking met elkaar en met de therapie

Agenda bijeenkomst 1
1. Kennismaking met elkaar
2. Korte uitleg over de therapie
3. Oefening 1. Zingeving definiëren
4. Uitleg: Zingeving en bronnen van zingeving
5. Oefening 2. Ervaringen met zingeving
6. Uitleg: Kanker en zingeving
7. Afsluitende oefening
8. Afsluiting

Oefening 1. Zingeving definiëren

In deze training wordt er vaak gesproken over 'zingeving'. Deze term klinkt misschien wat vaag. Vaak gebruiken mensen andere woorden in plaats van zingeving. Welke term gebruikt u het liefst?
Voorbeelden zijn: zingeving, zin, wat ik echt wil, intuïtief leven, levenskunst, flow, 'iets wat mijn ding is', 'als ik een klik voel', mijn diepste drijfveren, doelen, iets wat uw leven betekenis geeft, dat wat er toe doet, iets waar u voldoening uit haalt, etc.

_____
_____
_____
_____
_____
_____
_____
_____
_____

Uitleg: Zingeving

> **Definitie van zingeving**
> Zingeving refereert aan momenten die het leven de moeite waard maken, wanneer je het gevoel hebt dat je ertoe doet, of het gevoel hebt dat je *leeft*. Dingen uit het verleden die, als je erop terugkijkt, nog steeds heel belangrijk voor je zijn.

Deze zingevingstraining is gebaseerd op het werk van Viktor Frankl, een psychiater die Auschwitz overleefde en in het concentratiekamp geïnspireerd raakte door het idee dat het verlangen naar zingeving de belangrijkste drijfveer van mensen is. Hij geloofde dat elk leven tot op het laatst zinvol is, wat de omstandigheden ook zijn. Over veel zaken in het leven heeft men geen controle. Men heeft echter wel altijd controle over de houding die men kiest ten opzichte van tegenslagen. Hoe men ermee omgaat (zelfs in een concentratiekamp).

Er zijn volgens Frankl drie feiten waar iedereen vroeg of laat mee om moet gaan: schuld, lijden en dood. Aan de ene kant kunnen schuld, lijden en dood stressvol zijn en het leven zinloos laten lijken. Aan de andere kant kunnen ze bronnen van zingeving zijn. Zingeving kan stress en pijn helpen verlichten. Nietzsche schreef: *"He who has a why to live for can bear almost any how."* (Ned.: Wie een waarom heeft om voor te leven, kan bijna alles aan.) Hoewel iedereen vroeg of laat voor existentiële vraagstukken komt te staan, zijn de vraagstukken voor mensen die kanker hebben gehad vaak groter, zijn ze intenser en doen ze zich ook vaak eerder in het leven voor.

Vier bronnen van zingeving

1. Levensverhaal
Hiermee wordt bedoeld: wat u vanuit uw persoonlijke geschiedenis heeft meegekregen en hoe u daarmee bent omgegaan. Daarbij kijkt u naar hoe u deze ervaringen wilt gebruiken in de toekomst en wat u door wilt geven. Denk daarbij aan uw eigen levensverhaal, het verhaal van uw familie, ervaringen van vroeger die u gevormd hebben, dingen die u heeft bereikt in de loop van uw leven.

2. Hoe men met moeilijke gebeurtenissen omgaat
Hiermee wordt bedoeld: het kiezen van een houding, wanneer u tegen beperkingen en moeilijkheden van het leven aanloopt. Van persoonlijke tegenslagen een overwinning maken. Boven moeilijke omstandigheden uitstijgen. Hoe u daarmee omgaat – uw houding – kan een bron van zingeving zijn. Voorbeelden zijn een opleiding afronden ondanks persoonlijke of fysieke tegenslag, rouw of verlies verwerken, naar een ouderavond gaan ondanks dat u zich fysiek beroerd voelt.

3. Creëren, moed en verantwoordelijkheid
Hiermee wordt bedoeld: uw leven vormgeven, ook als het moeilijk wordt. Hierbij zijn moed, toewijding en verantwoordelijkheid essentieel. Denk hierbij aan werk, hobby, artistieke prestatie, vrijwilligerswerk, maatschappelijke betrokkenheid, etc.

4. Ervaringen
Hiermee wordt bedoeld: de ervaren verbondenheid met het leven door relaties (met uzelf en geliefden), schoonheid in natuur, kunst of humor. Bijvoorbeeld mooie ervaringen met familie of vrienden, zoals een avondje uit, met tuinieren, in contact met dieren, in een museum, bij het wandelen of door een mooie zonsondergang.

Oefening 2. Ervaringen met zingeving

Beschrijf een ervaring die u in de afgelopen weken heeft gehad, waarbij u het leven als zinvol ervoer. Dat kan ook iets heel kleins zijn. Bijvoorbeeld iets wat u heeft geholpen om een moeilijke dag door te komen.

Uitleg: Kanker en zingeving

Lijden of tegenslag heeft meerdere dimensies, denk aan fysieke pijn, emotioneel of spiritueel lijden. In een moeilijke periode kun je minder zingeving ervaren of de waarde van gebeurtenissen niet meer inzien. Je kunt echter ook zin halen uit omgaan met tegenslag.

Door te putten uit de bronnen van zingeving kun je je houding ten opzichte van tegenslag onderzoeken en daarin zingeving vinden, behouden en vergroten. Zingeving kan verschuiven. De focus kan anders komen te liggen. Tegenslag hoeft niet alleen maar negatief of alleen maar positief te zijn, beide kanten kunnen naast elkaar bestaan.

Kanker en zingeving

tegen grenzen aan lopen (bijvoorbeeld kanker)

- meer zingeving
- evenveel zingeving
- andere zingeving
- minder zingeving

Afsluitende oefening

1. Wat zijn uw drie belangrijkste ervaringen tijdens deze bijeenkomst en wat neemt u mee van het thema van vandaag? Bijvoorbeeld: lessen, inzicht, verrassing, boodschap. U mag er drie (of meer) voor uzelf opschrijven.
2. Tijdens de nabespreking kunt u één daarvan noemen.

Huiswerk

1. Schrijf deze week enkele ervaringen op (bijvoorbeeld aan het eind van elke dag, voor het slapengaan), waarbij u het leven als zinvol ervoer. Dat kan iets heel kleins, maar ook iets heel krachtigs zijn. Bijvoorbeeld iets wat u heeft geholpen om een moeilijke dag door te komen. Probeer zo breed mogelijk te kijken en zinvolle momenten op te schrijven.

2. Schrijf in circa tien zinnen op wat u belangrijk vindt dat de groep weet over uw persoonlijke ervaring met kanker. U kunt daarbij denken aan de soort kanker en wanneer u die heeft gekregen, maar ook aan hoe u daarmee bent omgegaan. Wat heeft u door de moeilijke perioden heen geholpen, bijvoorbeeld vrienden, hoop, doorzettingsvermogen, een arts die u goed ondersteunde, etc.?
Het gaat er niet om dat u volledig bent, maar dat u uw ervaring introduceert bij de rest van de groep. Veel onderdelen van uw ervaring met kanker zullen in andere bijeenkomsten aan bod komen. Tijdens de volgende bijeenkomst kunt u uw verhaal vertellen in circa 10 minuten.

Bijeenkomst 2.
Zingeving voor en na kanker

Agenda bijeenkomst 2
1. Rondvraag en huiswerk
2. Persoonlijke verhalen over kanker
3. Afsluitende oefening
4. Afsluiting
5. Korte loslaatmeditatie

Afsluitende oefening

Wat zijn de drie belangrijkste ervaringen die u van vandaag en van het thema meeneemt? Bijvoorbeeld: lessen, inzicht, verrassing, boodschap.

_____
_____
_____
_____
_____
_____
_____
_____
_____
_____

Huiswerk

Dit huiswerk wordt in bijeenkomst 4 inhoudelijk besproken. Die bijeenkomst gaat opnieuw over het levensverhaal als bron van zingeving

Als u terugkijkt op uw leven en opvoeding, wat zijn dan de belangrijkste gebeurtenissen, herinneringen, relaties en gewoonten die het meest bepalend zijn geweest voor de persoon die u nu bent? Wat is bijvoorbeeld de oorsprong van uw naam? Probeer minstens vijf dingen op te schrijven.

_____
_____
_____

U kunt voor deze oefening terugbladeren in oude fotoboeken of dagboeken of er met mensen van vroeger over praten (ouders, zus, broer, vrienden, etc.). Of u zou kunnen nadenken over een voorwerp dat symbool staat voor een belangrijke gebeurtenis of herinnering, dat u dan de vierde bijeenkomst kan ondersteunen bij uw verhaal vertellen.

Hierna is ruimte gereserveerd om een mooie herinnering uit te schrijven, oude dagboekfragmenten over te schrijven, of waardevolle foto's op te plakken.

Bijeenkomst 3.
Het levensverhaal als bron van zingeving (deel 1): Wat u heeft gemaakt, tot wie u nu bent

Agenda bijeenkomst 3
1. Rondvraag en huiswerk
2. Uitleg: Levensverhaal en zingeving (I)
3. Oefening 1. Wie ben ik?
4. Nabespreken oefening 1
5. Afsluitende oefening
6. Afsluiting

Uitleg: Levensverhaal en zingeving (I)

Waarom is er in deze therapie aandacht voor het verleden?
- Als iemand een confronterende gebeurtenis in het leven meemaakt, zoals het krijgen van kanker, blikt men vaak terug op het verleden. Daar kunnen dingen liggen waar u nu misschien nog iets mee wilt doen, of wellicht niet.
- Zingeving heeft sterk te maken met *wie u bent*: wat uw normen en waarden zijn, wat uw doelen zijn, wat belangrijk voor u is in het leven. Dit komt allemaal voort uit uw levensverhaal. Nadenken over uw levensverhaal, helpt u bij het reflecteren op dingen die betekenisvol voor u waren of waar u blij van werd. Ook kunt u zich op die manier bewuster worden van wat u tot nu toe zelf gedaan heeft en wat u nog zou willen doen.
- Het verleden bestaat uit positieve en negatieve ervaringen. Het lijkt belangrijk dit als geheel te accepteren. Zingeving gaat dus ook over hoe u heeft leren omgaan met tegenslag in uw leven. Die vaardigheid heeft u wellicht opnieuw moeten gebruiken of voor het eerst ontwikkelen toen u kanker kreeg. Het verleden kan daardoor een andere bron van zingeving zijn, namelijk 'omgaan met tegenslag als bron van zingeving (verdriet veranderen in overwinning) (dit komt diepgaander aan de orde in bijeenkomst 5).
- In het verleden heeft u positieve en negatieve levenslessen geleerd. Welke zijn op de achtergrond geraakt of vergeten? Welke herinnert u zich opnieuw? Welke wilt u actief gaan gebruiken?
- Stilstaan bij vroeger kan allerlei gevoelens oproepen: blijdschap, verdriet, spijt hebben dat u niet alle mogelijkheden heeft gebruikt die u toen had, etc. Die gevoelens vertellen u iets over wat zinvol/waardevol voor u is, en wat u mee kunt nemen als levensles/bron van zingeving in de toekomst.
- Het bezig zijn met uw levensverhaal verbindt u (opnieuw) met de mensen om u heen, en helpt u om die verbondenheid te voelen. Ook al zijn die belangrijke mensen er nu misschien fysiek niet meer. De herinnering en verbinding kan zinvol/waardevol voor u zijn.

Oefening 1. Wie ben ik?

1. Geef zo veel mogelijk (minstens vier) antwoorden op de vraag: Wie ben ik? Dit mag positief of negatief zijn. Het kan gaan over uw karakter, geloof, uiterlijk, dingen die u doet, etc. U kunt ook antwoord geven op de vraag: Wie ben ik *niet*?

   _____
   _____
   _____
   _____
   _____
   _____
   _____
   _____
   _____
   _____

2. Hoe heeft kanker uw antwoorden op de vorige vraag beïnvloed? Wat is er veranderd?

   _____
   _____
   _____
   _____
   _____
   _____
   _____
   _____

Afsluitende oefening

Wat zijn de drie belangrijkste ervaringen die u van vandaag en van het thema meeneemt? Bijvoorbeeld: lessen, inzicht, verrassing, boodschap.

_____
_____
_____
_____

Huiswerk

1. Lees nog eens door wat u de vorige keer bij het huiswerk heeft opgeschreven en vraag u af welke invloed u *zelf* op uw levenservaringen heeft kunnen uitoefenen.
2. Welke levenslessen heeft u uit uw ervaringen opgedaan en hoe past u die in uw huidige leven toe? Bijvoorbeeld: zinvolle activiteiten, rollen of prestaties.
3. Als u aan de toekomst denkt, welke dingen waar u trots op bent, zou u dan willen (blijven) gebruiken en/of aan anderen willen doorgeven?
4. Stel, u mocht wensen wat u wilde, hoe zou uw toekomst er dan uitzien? Anders gezegd, welke dromen heeft u of wat hoopt u in de toekomst daadwerkelijk te bereiken?

U kunt uw gedachten hieronder noteren.

Bijeenkomst 4.
Het levensverhaal als bron van zingeving (deel 2): Wat was uw eigen invloed?

Agenda bijeenkomst 4
1. Rondvraag en huiswerk
2. Uitleg: Levensverhaal en zingeving (II)
3. Huiswerk nabespreken van bijeenkomst 2 en 3
4. Afsluitende oefening
5. Afsluiting

Uitleg: Levensverhaal en zingeving (II)

Het levensverhaal uit het verleden ligt vast, maar men kan wel proberen te accepteren hoe het geweest is. Het levensverhaal loopt echter verder, *nu en in de toekomst*. Het staat continu open voor mogelijkheden tot groei en vernieuwing. Het heden is dynamisch en veranderbaar. Het heden biedt betekenisvolle rollen, activiteiten en prestaties die het leven de moeite waard maken. Het is in beweging, bijvoorbeeld de rol die u heeft als ouder, of de functie die u heeft in uw werk. Het leven dat u nu leeft, creëert herinneringen voor de toekomst. Zingevingsvragen die op kunnen komen zijn dan: wat hoopt u door te geven aan anderen? Hoe wilt u aan het grotere geheel bijdragen? Door stil te staan bij hoe u keuzes maakt, kunt u dat steeds beter leren. Het verleden kan niet veranderd worden, maar in het heden en de toekomst zijn er veel mogelijkheden. 'Verander wat je wilt veranderen, accepteer wat je niet kunt veranderen.' Vandaag is er aandacht voor *een rode draad* in uw leven tussen verleden, heden en toekomst. Daar gaat u in deze bijeenkomst naar op zoek.

Afsluitende oefening

Wat zijn de drie belangrijkste ervaringen die u van vandaag en van het thema meeneemt? Bijvoorbeeld: lessen, inzicht, verrassing, boodschap.

Huiswerk

1. Vertel 'uw levensverhaal' van de vorige en deze bijeenkomst aan één of meer personen (vrienden/familie/geliefden), op een manier die u zelf prettig vindt. Bespreek waar u trots op bent en wat zinvol voor u is geweest.
2. Hoe heeft u het ervaren om het zo te vertellen?

Bijeenkomst 5. Omgaan met tegenslag als bron van zingeving

Agenda bijeenkomst 5
1. Rondvraag en huiswerk
2. Uitleg: Omgaan met tegenslag als bron van zingeving
3. Oefening 1. Ervaren van grenzen
4. Nabespreken oefening 1
5. Discussie
6. Oefening 2. Naar de toekomst kijken
7. Nabespreken oefening 2
8. Afsluitende oefening
9. Afsluiting

Uitleg: Omgaan met tegenslag als bron van zingeving

1. Er werd eerder besproken dat er vier bronnen van zingeving zijn. Vandaag staat de bron van zingeving centraal die genoemd wordt 'omgaan met tegenslag', ook wel attitude of houding genoemd. Iedereen wordt in zijn leven met grenzen en tegenslag geconfronteerd. Er is altijd een keuze hoe men hiermee kan omgaan, ook al lijkt het soms van niet. Hoe men hiermee omgaat, kan ook een bron van zingeving zijn. Laat men zich bijvoorbeeld uit het veld slaan of gaat men door? Voorbeelden zijn: krachtig zijn, doorzettingsvermogen en moed tonen, hoop houden, zichzelf staande houden, voor zichzelf kiezen, voor zichzelf zorgen; maar ook: toegeven dat men iets zwaar vindt, emoties tonen, hulp van anderen vragen, steun vinden bij uw partner, etc.
Bijvoorbeeld: hoe kom ik een moeilijke dag door? Ondanks vermoeidheid ga ik op bezoek bij vrienden. Ik voel me somber, toch lukt het me om van een vogeltje te genieten. Kortom, het gaat om de manieren waarop men toch iets zinvols kan ervaren, ondanks de grenzen waar men mee wordt geconfronteerd.
2. Grenzen zijn vaak een belangrijk moment om levenslessen te leren. Vaak leert men zichzelf goed kennen wanneer men tegen grenzen aanloopt, zoals tijdens een crisis door kanker of een echtscheiding, ontslag, etc. Men kan hierdoor groeien: 'crisis is kans', zegt men wel eens.
Als voorbeeld kan men een wandelaar in de bergen nemen, die wil overnachten in een hut vlakbij de bergtop, maar die allerlei obstakels tegenkomt: een pad dat geblokkeerd wordt door grote stenen, een bord dat hem het verkeerde pad opstuurt, blaren op zijn voeten. Door deze grenzen moet hij keuzes maken; ruimt hij de stenen op of zoekt hij een ander pad; loopt hij terug naar een bewegwijzering of probeert hij met GPS de weg te vinden, loopt hij door of probeert hij wat aan de blaren te doen?
Als hij uiteindelijk toch zijn doel bereikt, ondanks de ervaren moeilijkheden en de emoties die erbij kwamen kijken (hij heeft onderweg nog staan schreeuwen: "Wie heeft dit bedacht?"), zal hij tevreden en trots zijn, en een ervaring rijker.
3. Temporiseren. Het is nodig om te temporiseren als men het gevoel heeft dat men teveel moet doen in te weinig tijd. Bijvoorbeeld: Ik ben te hard aan het rondren-

nen, én ik moet de lunch voor de kinderen nog klaarmaken, én ik moet naar mijn werk, maar ik ben ook ziek, en ... en ... en....

Je moet dan kiezen, zo goed mogelijk, en jezelf niet verder onder druk zetten. Jezelf wat tijd gunnen, en niet alles per se perfect willen doen. Stap voor stap en niet alles tegelijk.

Soms zijn grenzen niet te overwinnen of is men totaal uitgeput; dan is het belangrijk om realistisch te zijn. In het geval van de bergwandelaar: hij schat in of hij veilig de berghut kan bereiken, en zo niet, dan probeert hij hulp in te schakelen of om te keren.

4. Omgaan met grenzen en tegenslag wil niet zeggen dat de pijn en frustratie weggepoetst wordt. Praten over zingeving is geen doekje voor het bloeden. Integendeel! Het is belangrijk om ook eerlijk te zijn naar uzelf en te zeggen dat u pijn ervaart. Er zijn dus altijd twee processen tegelijk gaande: Er zijn grenzen (en die doen pijn of roepen frustratie op), en tegelijkertijd zijn is men vrij om zelf te bedenken hoe men met die grenzen kan omgaan en zin kan ervaren. De grenzen vragen om een actief antwoord te geven. Of, in het geval van de bergwandelaar: ik heb blaren op mijn voeten en inmiddels ook blaren op mijn handen van het opruimen van de stenen, maar ik heb (alhoewel veel later dan gedacht) toch de berghut bereikt.
5. Er zijn grenzen en er is vrijheid op hetzelfde moment. Men kan slachtoffer van de situatie zijn en niets kunnen doen tegen die situatie en toch vrij zijn om de houding te bepalen. Voorbeelden: de ervaring van pijn en vermoeidheid zijn een gegeven dat niet wegpoetst kan worden, maar men kan er wel op verschillende manieren op reageren.
6. Een voorbeeld voor anderen zijn, bedoeld of onbedoeld, kan een gevoel van zin geven. Wanneer men merkt dat men door een verandering van de houding ten aanzien van een gegeven situatie veel meer kan kiezen, dan men aanvankelijk dacht, zal de omgeving deze verandering ook bij iemand opmerken.

Oefening 1. Ervaren van grenzen

1. Tegen welke grote en/of kleine grenzen loopt u op dit moment aan in uw leven? Bijvoorbeeld op lichamelijk, emotioneel of relationeel gebied, etc.

2. Hoe gaat u om met deze grenzen? Lukt het u om toch door te gaan en zingeving te ervaren, ondanks deze grenzen? Geef minstens één voorbeeld van hoe u positief met grenzen omgaat. Bijvoorbeeld: doorzettingsvermogen, hoop houden, naar positieve dingen kijken, etc.

Discussie

Oefening 2. Naar de toekomst kijken

1. Stelt u zichzelf voor aan het einde van uw leven. Wat is er voor nodig om tevreden te kunnen terugkijken? Denkt u niet alleen aan materiële zaken en carrière die u in uw leven bereikt zou willen hebben, maar ook aan relaties en uw persoonlijke ontwikkeling.

1. Wat betekent het vorige antwoord voor hoe u <u>nu</u> uw leven leidt? Anders gezegd: wat wilt u <u>nu</u> doen om later, aan het eind van uw leven, tevreden terug te kunnen kijken.

Afsluitende oefening

Wat zijn de drie belangrijkste ervaringen die u van vandaag en van het thema meeneemt? Bijvoorbeeld: lessen, inzicht, verrassing, boodschap.

Huiswerk

1. De afgelopen weken heeft u levenslessen verzameld, kleine en grote, en deze in dit werkboek opgeschreven. U kunt gaan onderzoeken wat u met deze inzichten zou kunnen gaan doen. Zet als het kan een eerste stap om er daadwerkelijk iets mee te gaan doen.

Voorbeelden

Uzelf opgeven voor die cursus die u altijd al had willen doen, afspreken met familie of oude vrienden, recepten opschrijven voor uw kinderen, een verhaal of gedicht schrijven, een schilderij maken, genieten van muziek, een poster of collage maken over uw leven, een reis boeken, dingen in een relatie uitspreken, een fotocollage maken van dierbare mensen, een feest geven, de laatste wensen opschrijven of een testament maken, levensmotto's opschrijven, investeren in uzelf door te gaan sporten of goed te gaan eten, een boek lezen, etc. Nadenken over wat u aan uzelf of uw leven wilt veranderen.

Tips

U kunt kijken wat u de belangrijkste levensles vindt, en bedenken wat u daarmee kunt doen, en misschien een eerste stap gaan zetten om het daadwerkelijk te gaan doen.
Het kan ook helpen om wat u wilt doen, in kleine stappen op te delen. Daarna kunt u dan bijvoorbeeld een stappenplan bedenken en in uw agenda zetten wanneer u iets wilt gaan doen. Het kan dus op alle mogelijke manieren, maar het belangrijkste is dat het voor u goed voelt!

Bespreking in bijeenkomst 8

Tijdens de achtste bijeenkomst kunt u – op uw eigen manier – vertellen of laten zien aan de groep wat u concreet heeft gedaan met de levenslessen.

U kunt hieronder opschrijven wat er in u is opgekomen.

Bijeenkomst 6. Creëren, moed en verantwoordelijkheid als bron van zingeving

Agenda bijeenkomst 6
1. Rondvraag en nabespreken huiswerk
2. Uitleg: Creëren, moed en verantwoordelijkheid
3. Oefening 1. Moed
4. Nabespreken oefening
5. Afsluitende oefening
6. Afsluiting

Uitleg: Creëren, moed en verantwoordelijkheid

1. Creëren kan ook een bron van zingeving zijn. Hiermee wordt bedoeld: je leven vormgeven, ook als het moeilijk wordt. Hierbij zijn moed, toewijding en verantwoordelijkheid essentieel. Dat kan zijn uw werk, hobby, artistieke prestatie, vrijwilligerswerk, maatschappelijke betrokkenheid, etc. Creëren gaat over dingen creëren of maken op uw manier, en u niet laten dicteren door de situatie. Het leven vraagt voortdurend om creëren. De mogelijkheid om hieraan te beantwoorden, vormt de basis voor het nemen van *verantwoordelijkheid* voor het eigen leven. Creëren en verantwoordelijkheid zijn daarom onlosmakelijk met elkaar verbonden. Natuurlijk heeft men niet alles zelf in de hand. Maar het leven roept de mensen op om – binnen de grenzen van wat mogelijk is – verantwoordelijk te zijn voor zichzelf.
2. Verantwoordelijk zijn voor jezelf houdt twee dingen in: jezelf uitdagen en zelfdiscipline hebben, maar ook voor jezelf zorgen, jezelf niet overvragen en hulp accepteren of vragen. Soms is het moeilijk om de balans tussen die twee te vinden.
3. Je kunt verantwoordelijk zijn voor anderen, misschien heel concreet, zoals voor kinderen, maar je bent ook verantwoordelijk voor hoe je met andere mensen omgaat.
4. Moed houdt in dat je een moedige keuze maakt in een moeilijke situatie. Je kunt besluiten om je niet te laten ontmoedigen, wanneer je grenzen ervaart (zie vorige week). Rollo May (een bekende, Amerikaanse existentieel therapeut) zei: 'Moed is niet de afwezigheid van twijfel, maar moed is de vaardigheid om door te gaan ondanks twijfel'[1] (May, 1975). Doorgaan met het leven, ondanks de onzekerheid en twijfel en ervaring van kanker die soms in het achterhoofd zit, vraagt moed. Soms wil je de moed opgeven, maar iets in jezelf kan helpen om door te gaan.
5. Toewijding betekent aandacht en energie steken in activiteiten waar je in gelooft.
6. Creëren – verantwoordelijkheid, moed en toewijding – gaat over de dingen die er voor iemand persoonlijk toe doen. In het leven van elke dag kan men iets zinvols proberen te maken, al is het iets kleins.

---

[1] Rollo May. The Courage to Create. New York: Norton; 1975, p. 12.

Oefening 1. Moed

1. Laat een ervaring naar boven komen, waarin u verantwoordelijkheid nam voor uw eigen leven of moedig was. Door welke moeilijke situatie bent u krachtig heen gekomen?

2. Welke dingen zou u zou nog willen doen in uw leven? Wat houdt u tegen?

Afsluitende oefening

Wat zijn de drie belangrijkste ervaringen die u van vandaag en van het thema meeneemt? Bijvoorbeeld: lessen, inzicht, verrassing, boodschap.

Huiswerk

De volgende keer is het thema: ervaringen als bron van zingeving:
1. Noem drie manieren waarop u zich het meest verbonden voelt met het leven, door ervaringen zoals liefde, schoonheid (kunst, muziek, etc.), humor en uzelf vermaken. Beschrijf waarom dit voor u zo belangrijk is.

2. Ga door met het voorbereiden van het huiswerk voor bijeenkomst 8 (zie ook het huiswerk bij de vorige bijeenkomst).

Bijeenkomst 7.
Ervaringen als bron van zingeving

Agenda bijeenkomst 7
1. Rondvraag
2. Uitleg: Ervaring en zingeving
3. Huiswerk bespreken: verbondenheid door liefde, schoonheid en humor
4. Uitleg: Zinervaring
5. Oefening 1. Zinervaring
6. Nabespreken oefening
7. Afsluitende oefening
8. Afsluiting

Uitleg: Zinervaring

Tot nu toe is er vaak gesproken over zingeving en ervaringen daarmee. Zingeving en ervaringen lopen vaak door elkaar heen, maar bij nadere beschouwing, ziet men dat er een verschil kan zijn tussen zingeving en zinervaring. *Zingeving* lijkt een actiever proces: men gaat zin geven. *Zinervaring* lijkt niet bewust te kunnen worden opgeroepen, maar is meer een ervaring die zich onverwacht en onbedacht voordoet. Deze ervaringen kunnen soms moeilijk onder woorden gebracht worden, maar als mensen dat weten te beschrijven, praten ze over een diepe ervaring, een gevoel van verbondenheid, een godservaring, of een gevoel van één zijn met het geheel. Een zinervaring uit zich primair in gevoelens en lichamelijke gewaarwording, zoals dat de adem even stokt, dat men een warm gevoel in het lichaam ervaart of men het gevoel krijgt dat het hart opengaat.

Oefening 1. Zinervaring

Laat boven komen of er een moment in uw leven was waarbij u een gevoel van één zijn met het geheel, die diepe ervaring van verbondenheid, u overkwam. Soms is dat een moment dat u voelde dat het leven een wending nam.

Afsluitende oefening

Wat zijn de drie belangrijkste ervaringen die u van vandaag en van het thema meeneemt? Bijvoorbeeld: lessen, inzicht, verrassing, boodschap.

_____

_____

_____

_____

_____

_____

_____

_____

_____

_____

Herhaling van het huiswerk uit bijeenkomst 5

De afgelopen weken heeft u levenslessen verzameld, kleine en grote, en deze in dit werkboek opgeschreven. U kunt gaan onderzoeken wat u concreet met deze inzichten zou kunnen gaan doen. Zet als het kan een eerste stap om er daadwerkelijk iets mee te gaan doen.

Voorbeelden

Uzelf opgeven voor die cursus die u altijd al had willen doen, afspreken met familie of oude vrienden, recepten opschrijven voor uw kinderen, een verhaal of gedicht schrijven, een schilderij maken, genieten van muziek, een poster of collage maken over uw leven, een reis boeken, dingen in een relatie uitspreken, een fotocollage maken van dierbare mensen, een feest geven, de laatste wensen opschrijven of een testament maken, levensmotto's opschrijven, investeren in uzelf door te gaan sporten of goed te gaan eten, een boek lezen, etc. Nadenken over wat u aan uzelf of uw leven wilt veranderen.

Volgende week

1. De volgende bijeenkomst kan iedereen op een eigen creatieve manier laten zien/vertellen wat hij/zij met de levenslessen wil gaan doen. Voelt u zich vrij dit helemaal op uw manier te gaan doen!
2. Als u dat nog niet gedaan heeft: maak voor uzelf een lijstje met prioriteiten, een planning of zet het in uw agenda, welke (andere) levenslessen u concreet wilt gaan gebruiken nadat de therapie is afgelopen.
3. De volgende keer is de laatste keer. Als u de komende week gevoelens of gedachten heeft over dit afscheid nemen, kunt u dat volgende week met de groep bespreken.

Bijeenkomst 8.
Presentaties van levenslessen en afscheid

Agenda bijeenkomst 8
1. Rondvraag
2. Uitleg
3. Presentaties van levenslessen
4. Evaluatie en afsluiting

Presentaties van levenslessen

Evaluatie en afsluiting

If you have any concerns about our products,
you can contact us on
ProductSafety@springernature.com

In case Publisher is established outside the EU,
the EU authorized representative is:
Springer Nature Customer Service Center GmbH
Europaplatz 3, 69115 Heidelberg, Germany

Printed by Libri Plureos GmbH
in Hamburg, Germany